MINI PUZZLES

T0011046

WORDSEARCH

MINI PUZZLES

WORDSEARCH

SUPER SPEEDY PUZZLES

SIRIUS

SIRIUS

This edition published in 2024 by Sirius Publishing, a division of
Arcturus Publishing Limited,
26/27 Bickels Yard, 151–153 Bermondsey Street,
London SE1 3HA

ISBN: 978-1-3988-3691-4
AD011797NT

Printed in China

Contents

1

US States

H	J	Z	A	O	A
V	A	W	U	I	M
A	O	T	Q	H	A
I	S	C	U	O	I
A	D	A	V	E	N
I	D	A	H	O	E

◊ IDAHO   ◊ NEVADA

◊ IOWA   ◊ OHIO

◊ MAINE   ◊ UTAH

2

Wind and Brass Instruments

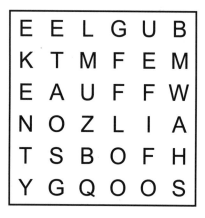

```
E E L G U B
K T M F E M
E A U F F W
N O Z L I A
T S B O F H
Y G Q O O S
```

◊ BUGLE ◊ KAZOO

◊ FIFE   ◊ OBOE

◊ FLUTE ◊ SHAWM

3

Words Without Rhymes

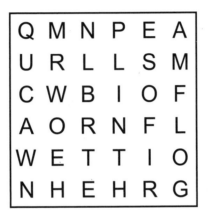

```
Q M N P E A
U R L L S M
C W B I O F
A O R N F L
W E T T I O
N H E H R G
```

◊ ELBOW   ◊ MONTH

◊ FILM   ◊ PLINTH

◊ GOLF   ◊ SIREN

4

Vegetables

```
M D J Y B E
A S T D U L
Y S P O Z A
Z E K E J K
O R E P A C
A C C R F S
```

◊ CAPER   ◊ OKRA

◊ CRESS   ◊ PEAS

◊ KALE   ◊ YAM

5

Coffee

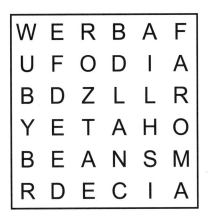

W	E	R	B	A	F
U	F	O	D	I	A
B	D	Z	L	L	R
Y	E	T	A	H	O
B	E	A	N	S	M
R	D	E	C	I	A

◊ AROMA   ◊ BREW

◊ BEANS   ◊ FILTER

◊ BODY   ◊ ICED

6

"M" to "M"

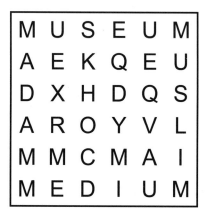

```
M U S E U M
A E K Q E U
D X H D Q S
A R O Y V L
M M C M A I
M E D I U M
```

◊ MADAM   ◊ MODEM

◊ MAYHEM   ◊ MUSEUM

◊ MEDIUM   ◊ MUSLIM

7

Creatures' Features

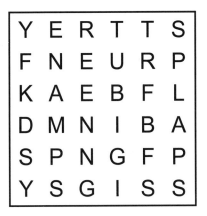

◊ BEAK   ◊ FUR

◊ FANGS   ◊ MANE

◊ FINS   ◊ PALPS

8

Things That Go Round

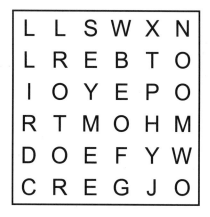

```
L  L  S  W  X  N
L  R  E  B  T  O
I  O  Y  E  P  O
R  T  M  O  H  M
D  O  E  F  Y  W
C  R  E  G  J  O
```

◊ COMET   ◊ ROTOR

◊ DRILL   ◊ WHEEL

◊ MOON   ◊ YO-YO

9

Cold

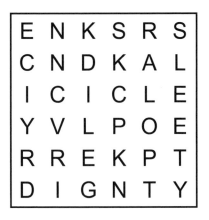

◊ DRY ICE   ◊ NIPPY

◊ GELID   ◊ POLAR

◊ ICICLE   ◊ SLEET

10

Plain and Simple

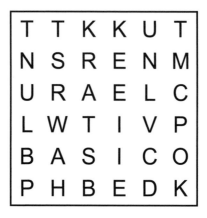

```
T T K K U T
N S R E N M
U R A E L C
L W T I V P
B A S I C O
P H B E D K
```

◊ BASIC   ◊ OVERT

◊ BLUNT   ◊ PATENT

◊ CLEAR   ◊ STARK

11

Safari Park

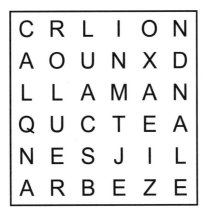

```
C R L I O N
A O U N X D
L L A M A N
Q U C T E A
N E S J I L
A R B E Z E
```

◊ COATI   ◊ LION

◊ ELAND   ◊ LLAMA

◊ LEMUR   ◊ ZEBRA

12

Ice Cream

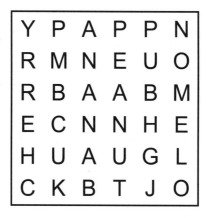

Y	P	A	P	P	N
R	M	N	E	U	O
R	B	A	A	B	M
E	C	N	N	H	E
H	U	A	U	G	L
C	K	B	T	J	O

◊ BANANA   ◊ MANGO

◊ CHERRY   ◊ PEACH

◊ LEMON   ◊ PEANUT

13

Signs

```
F L O O D P
K L A W Y O
S S C I H L
W L E T A I
V L O Y L C
D N T W T E
```

◊ FLOOD ◊ SLOW

◊ HALT ◊ WALK

◊ POLICE ◊ YIELD

14

Garden Creatures

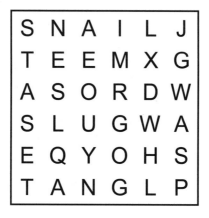

S	N	A	I	L	J
T	E	E	M	X	G
A	S	O	R	D	W
S	L	U	G	W	A
E	Q	Y	O	H	S
T	A	N	G	L	P

◊ GNAT   ◊ SNAIL

◊ MOLE   ◊ WASP

◊ SLUG   ◊ WREN

15

Lumps and Bumps

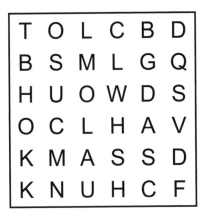

```
T O L C B D
B S M L G Q
H U O W D S
O C L H A V
K M A S S D
K N U H C F
```

◊ BLOCK   ◊ MASS

◊ CHUNK   ◊ SLUB

◊ CLOT   ◊ WAD

16

Cartoon Characters

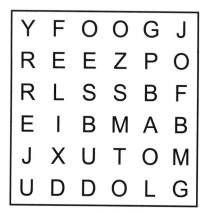

```
Y  F  O  O  G  J
R  E  E  Z  P  O
R  L  S  S  B  F
E  I  B  M  A  B
J  X  U  T  O  M
U  D  D  O  L  G
```

◊ BAMBI ◊ GOOFY

◊ DUMBO ◊ JERRY

◊ FELIX ◊ TOM

17

"E" Before "I"

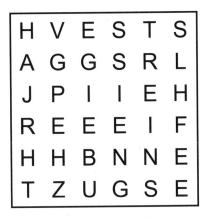

```
H V E S T S
A G G S R L
J P I I E H
R E E E I F
H H B N N E
T Z U G S E
```

◊ BEIGE   ◊ NEIGH

◊ GNEISS   ◊ REINS

◊ HEIST   ◊ THEIRS

18

Wake Up

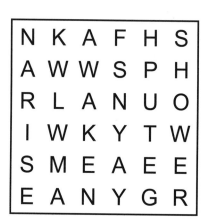

N	K	A	F	H	S
A	W	W	S	P	H
R	L	A	N	U	O
I	W	K	Y	T	W
S	M	E	A	E	E
E	A	N	Y	G	R

◊ ARISE   ◊ SHOWER

◊ AWAKEN   ◊ WASH

◊ GET UP   ◊ YAWN

19

Varieties of Tomato

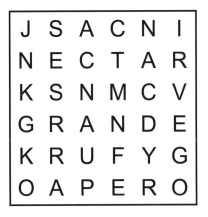

◊ APERO ◊ JENNY

◊ GRANDE ◊ NECTAR

◊ INCAS ◊ ORAMA

20

Fabrics

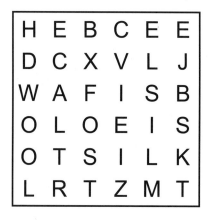

```
H E B C E E
D C X V L J
W A F I S B
O L O E I S
O T S I L K
L R T Z M T
```

◊ FELT   ◊ SILK

◊ LACE   ◊ TOILE

◊ LISLE   ◊ WOOL

21

Things With Wings

```
V Q H S W P
F I E T S K
A F Y A O K
I L W O W M
R E T A N G
Y Z H E O R
```

◊ FAIRY   ◊ MOTH

◊ GNAT   ◊ OWL

◊ HAWK   ◊ WASP

22

"A" Words

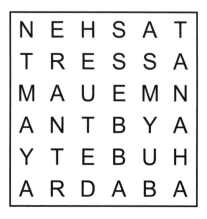

```
N E H S A T
T R E S S A
M A U E M N
A N T B Y A
Y T E B U H
A R D A B A
```

◊ ABBESS   ◊ ASSERT

◊ AMBER   ◊ ATTEST

◊ ASHEN   ◊ AUBURN

23

Famous Towers

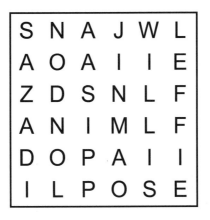

```
S  N  A  J  W  L
A  O  A  I  I  E
Z  D  S  N  L  F
A  N  I  M  L  F
D  O  P  A  I  I
I  L  P  O  S  E
```

◊ AZADI   ◊ LONDON

◊ EIFFEL   ◊ PISA

◊ JIN MAO   ◊ WILLIS

Saints

```
S U T I V R
A N D R E A
U H V T S E
T R E B L A
H P A S A H
J E R O M E
```

◊ ALBERT   ◊ JEROME

◊ ANDREA   ◊ PETER

◊ ASAPH   ◊ VITUS

Calendar

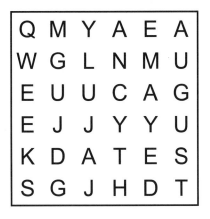

◊ AUGUST   ◊ JUNE

◊ DATES   ◊ MAY

◊ JULY   ◊ WEEKS

26

Toys

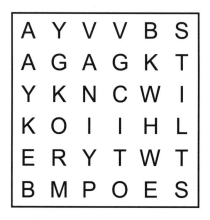

◊ BRICKS ◊ SWING

◊ KITE ◊ YACHT

◊ STILTS ◊ YO-YO

27

Places That Start and End the Same

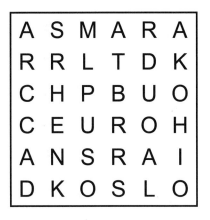

◊ ACCRA   ◊ OHIO

◊ ASMARA   ◊ OSLO

◊ KURSK   ◊ RUHR

28

State of the Nation

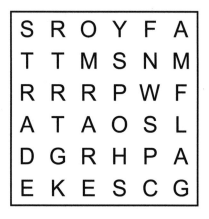

S	R	O	Y	F	A
T	T	M	S	N	M
R	R	R	P	W	F
A	T	A	O	S	L
D	G	R	H	P	A
E	K	E	S	C	G

◊ ARMY ◊ SHOPS

◊ FLAG ◊ TRADE

◊ PORTS ◊ WORK

29

Fruits

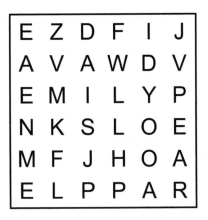

```
E  Z  D  F  I  J
A  V  A  W  D  V
E  M  I  L  Y  P
N  K  S  L  O  E
M  F  J  H  O  A
E  L  P  P  A  R
```

◊ APPLE   ◊ OLIVE

◊ KIWI   ◊ PEAR

◊ LIME   ◊ SLOE

30

Civil

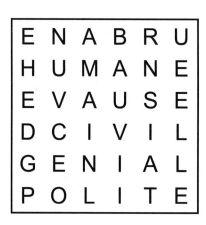

```
E  N  A  B  R  U
H  U  M  A  N  E
E  V  A  U  S  E
D  C  I  V  I  L
G  E  N  I  A  L
P  O  L  I  T  E
```

◊ CIVIL   ◊ POLITE

◊ GENIAL   ◊ SUAVE

◊ HUMANE   ◊ URBANE

31

Time

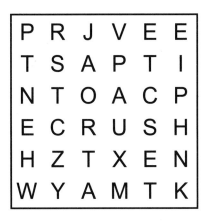

◊ EPOCH   ◊ RATE

◊ NEXT   ◊ RUSH

◊ PAST   ◊ WHEN

32

Asteroids and Satellites

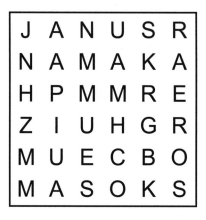

J	A	N	U	S	R
N	A	M	A	K	A
H	P	M	M	R	E
Z	I	U	H	G	R
M	U	E	C	B	O
M	A	S	O	K	S

◊ EROS   ◊ NAMAKA

◊ JANUS   ◊ PUCK

◊ MIMAS   ◊ RHEA

33

Abide With Me

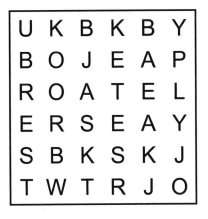

U	K	B	K	B	Y
B	O	J	E	A	P
R	O	A	T	E	L
E	R	S	E	A	Y
S	B	K	S	K	J
T	W	T	R	J	O

◊ BEAR   ◊ LAST

◊ BROOK   ◊ REST

◊ KEEP   ◊ STAY

Not on a Diet

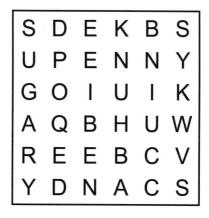

```
S  D  E  K  B  S
U  P  E  N  N  Y
G  O  I  U  I  K
A  Q  B  H  U  W
R  E  E  B  C  V
Y  D  N  A  C  S
```

◊ BEER   ◊ CHIPS

◊ BUNS   ◊ SUGAR

◊ CANDY   ◊ WINE

35

Under the Ground

W	P	E	L	O	M
L	R	E	V	I	R
M	L	M	G	A	T
U	N	E	A	W	C
T	R	E	W	E	S
P	S	T	O	O	R

◊ CAVE ◊ ROOTS

◊ MOLE ◊ SEWER

◊ RIVER ◊ WELL

36

Words Ending "EX"

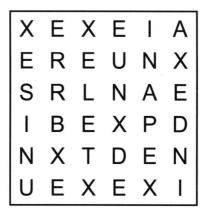

◊ ANNEX   ◊ INDEX

◊ APEX   ◊ TELEX

◊ IBEX   ◊ UNISEX

37

Famous New Zealanders

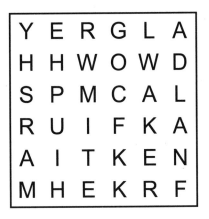

```
Y E R G L A
H H W O W D
S P M C A L
R U I F K A
A I T K E N
M H E K R F
```

◊ AITKEN   ◊ LOMU

◊ ALDA   ◊ MARSH

◊ GREY   ◊ WAKE

38

"HOUSE..."

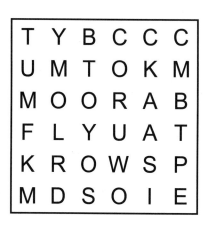

```
T  Y  B  C  C  C
U  M  T  O  K  M
M  O  O  R  A  B
F  L  Y  U  A  T
K  R  O  W  S  P
M  D  S  O  I  E
```

◊ BOAT   ◊ PARTY

◊ FLY   ◊ ROOM

◊ MOUSE   ◊ WORK

39

Moon Craters

D	E	D	K	T	Y
S	U	U	T	L	M
Q	S	A	L	O	B
M	W	I	R	E	Y
G	A	S	S	D	R
B	E	Z	Q	I	D

◊ BAILLY ◊ ISIS

◊ BYRD ◊ MORSE

◊ EULER ◊ WATT

40

Early

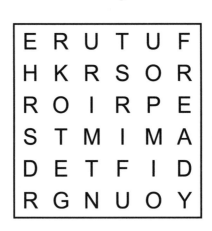

◊ FIRST   ◊ PRIOR

◊ FORMER   ◊ READY

◊ FUTURE   ◊ YOUNG

"HALF..."

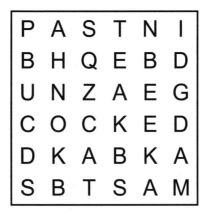

P	A	S	T	N	I
B	H	Q	E	B	D
U	N	Z	A	E	G
C	O	C	K	E	D
D	K	A	B	K	A
S	B	T	S	A	M

◊ BACK   ◊ DOZEN

◊ BAKED   ◊ MAST

◊ COCKED   ◊ PAST

42

Made of Glass

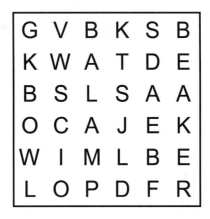

```
G V B K S B
K W A T D E
B S L S A A
O C A J E K
W I M L B E
L O P D F R
```

◊ BEADS   ◊ FLASK

◊ BEAKER   ◊ LAMP

◊ BOWL   ◊ VASE

Bright

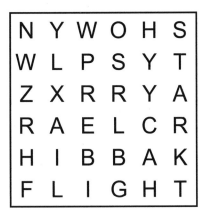

```
N Y W O H S
W L P S Y T
Z X R R Y A
R A E L C R
H I B B A K
F L I G H T
```

◊ CLEAR   ◊ LIGHT

◊ FIERY   ◊ SHOWY

◊ HARSH   ◊ STARK

44

Summer

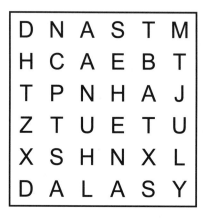

◊ BEACH   ◊ SALAD

◊ HEAT   ◊ SAND

◊ JULY   ◊ TENT

45

Nuts and Seeds

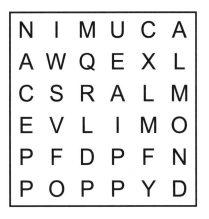

N	I	M	U	C	A
A	W	Q	E	X	L
C	S	R	A	L	M
E	V	L	I	M	O
P	F	D	P	F	N
P	O	P	P	Y	D

◊ ALMOND   ◊ FLAX

◊ CUMIN   ◊ PECAN

◊ DILL   ◊ POPPY

46

Ice Hockey Terms

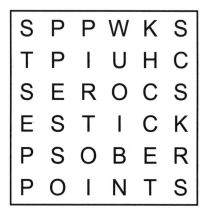

S	P	P	W	K	S
T	P	I	U	H	C
S	E	R	O	C	S
E	S	T	I	C	K
P	S	O	B	E	R
P	O	I	N	T	S

◊ PESTS   ◊ SCORE

◊ POINTS   ◊ SHOTS

◊ PUCK   ◊ STICK

Coins

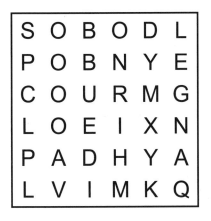

```
S O B O D L
P O B N Y E
C O U R M G
L O E I X N
P A D H Y A
L V I M K Q
```

◊ ANGEL   ◊ POUND

◊ DIME   ◊ REAL

◊ OBOL   ◊ SOU

48

Things With Buttons

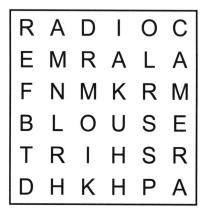

```
R A D I O C
E M R A L A
F N M K R M
B L O U S E
T R I H S R
D H K H P A
```

◊ ALARM ◊ PHONE

◊ BLOUSE ◊ RADIO

◊ CAMERA ◊ SHIRT

49

Wild Flowers

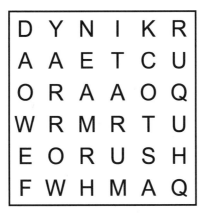

D	Y	N	I	K	R
A	A	E	T	C	U
O	R	A	A	O	Q
W	R	M	R	T	U
E	O	R	U	S	H
F	W	H	M	A	Q

◊ ARUM ◊ TARE

◊ RUSH ◊ WOAD

◊ STOCK ◊ YARROW

Hotel

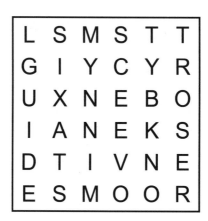

```
L S M S T T
G I Y C Y R
U X N E B O
I A N E K S
D T I V N E
E S M O O R
```

◊ GUIDE   ◊ RESORT

◊ KEYS   ◊ ROOMS

◊ LINEN   ◊ TAXI

51

Titanic

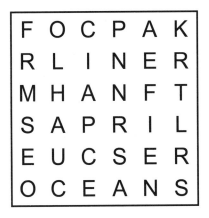

```
F  O  C  P  A  K
R  L  I  N  E  R
M  H  A  N  F  T
S  A  P  R  I  L
E  U  C  S  E  R
O  C  E  A  N  S
```

◊ APRIL   ◊ OCEAN

◊ FLARES   ◊ RESCUE

◊ LINER   ◊ SHIP

Pairs of Things

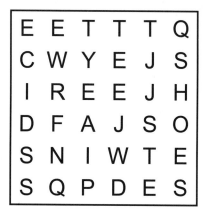

E	E	T	T	T	Q
C	W	Y	E	J	S
I	R	E	E	J	H
D	F	A	J	S	O
S	N	I	W	T	E
S	Q	P	D	E	S

◊ DICE   ◊ JEANS

◊ EYES   ◊ SHOES

◊ FEET   ◊ TWINS

53

"B" Words

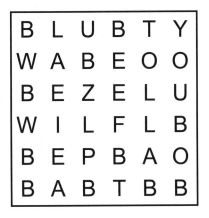

```
B L U B T Y
W A B E O O
B E Z E L U
W I L F L B
B E P B A O
B A B T B B
```

◊ BALLOT   ◊ BLEW

◊ BEZEL   ◊ BULB

◊ BIZET   ◊ BUOY

54

Game of Thrones

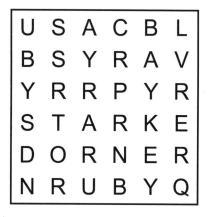

```
U  S  A  C  B  L
B  S  Y  R  A  V
Y  R  R  P  Y  R
S  T  A  R  K  E
D  O  R  N  E  R
N  R  U  B  Y  Q
```

◊ ARYA   ◊ QYBURN

◊ BRAN   ◊ STARK

◊ DORNE   ◊ VARYS

55

Jewels and Trinkets

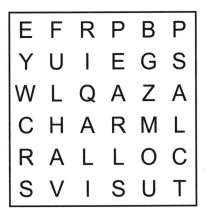

```
E F R P B P
Y U I E G S
W L Q A Z A
C H A R M L
R A L L O C
S V I S U T
```

◊ CHARM   ◊ COLLAR

◊ CLASP   ◊ PEARLS

◊ CLIP   ◊ TORQUE

56

"TOP..."

```
G H S I T Y
T A C S A V
E H U O H A
P D O W N E
F O I O E H
T G Y S E F
```

◊ CAT ◊ HAT

◊ DOG ◊ HEAVY

◊ DOWN ◊ SIDE

57

Noisy

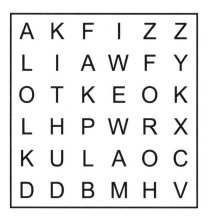

◊ BARK   ◊ THUD

◊ CREAK   ◊ WAIL

◊ FIZZ   ◊ YOWL

Fundraising

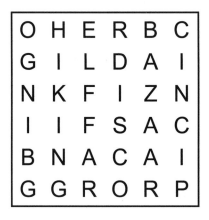

```
O  H  E  R  B  C
G  I  L  D  A  I
N  K  F  I  Z  N
I  I  F  S  A  C
B  N  A  C  A  I
G  G  R  O  R  P
```

◊ BAZAAR   ◊ HIKING

◊ BINGO   ◊ PICNIC

◊ DISCO   ◊ RAFFLE

59

Help

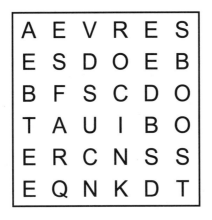

◊ ASSIST   ◊ CURE

◊ BACK   ◊ FUND

◊ BOOST   ◊ SERVE

60

Goddesses

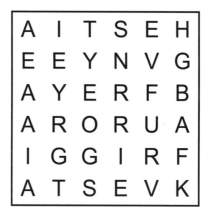

```
A  I  T  S  E  H
E  E  Y  N  V  G
A  Y  E  R  F  B
A  R  O  R  U  A
I  G  G  I  R  F
A  T  S  E  V  K
```

◊ AURORA   ◊ HESTIA

◊ FREYA   ◊ IRENE

◊ FRIGG   ◊ VESTA

61

Written by Hand

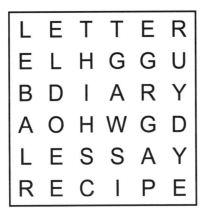

L	E	T	T	E	R
E	L	H	G	G	U
B	D	I	A	R	Y
A	O	H	W	G	D
L	E	S	S	A	Y
R	E	C	I	P	E

◊ DIARY   ◊ LETTER

◊ ESSAY   ◊ RECIPE

◊ LABEL   ◊ WILL

62

Containers

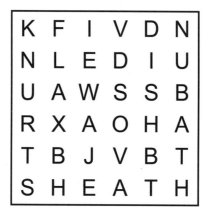

```
K F I V D N
N L E D I U
U A W S S B
R X A O H A
T B J V B T
S H E A T H
```

◊ BASIN   ◊ DISH

◊ BATH   ◊ SHEATH

◊ BOWL   ◊ TRUNK

63

Punctuation Marks and Signs

H	H	Z	R	S	A
S	C	S	U	H	M
A	T	L	A	I	M
H	P	E	N	D	O
P	O	U	N	D	C
Q	S	H	Y	G	R

◊ COMMA   ◊ MINUS

◊ DASH   ◊ PLUS

◊ HASH   ◊ POUND

64

Robin Hood

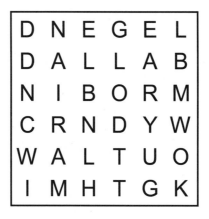

```
D  N  E  G  E  L
D  A  L  L  A  B
N  I  B  O  R  M
C  R  N  D  Y  W
W  A  L  T  U  O
I  M  H  T  G  K
```

◊ BALLAD   ◊ MYTH

◊ LEGEND   ◊ OUTLAW

◊ MARIAN   ◊ ROBIN

65

"WHITE..."

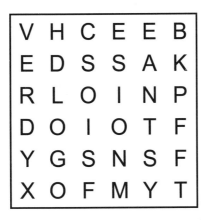

V	H	C	E	E	B
E	D	S	S	A	K
R	L	O	I	N	P
D	O	I	O	T	F
Y	G	S	N	S	F
X	O	F	M	Y	T

◊ ANTS   ◊ GOLD

◊ BEECH   ◊ NILE

◊ FOX   ◊ NOISE

66

Bills

G	S	U	A	Z	C
R	R	E	O	D	Y
A	E	E	Y	D	H
H	G	H	O	N	G
A	O	C	A	L	I
M	R	Y	C	M	N

◊ CODY ◊ NIGHY

◊ GRAHAM ◊ NYE

◊ MAHER ◊ ROGERS

67

Cocktails

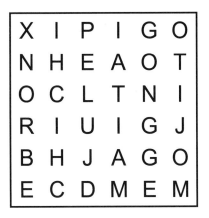

X	I	P	I	G	O
N	H	E	A	O	T
O	C	L	T	N	I
R	I	U	I	G	J
B	H	J	A	G	O
E	C	D	M	E	M

◊ BRONX ◊ JULEP

◊ CHI-CHI ◊ MAI TAI

◊ EGGNOG ◊ MOJITO

68

Books of the Bible

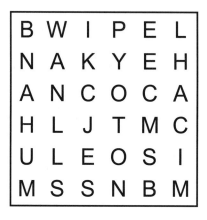

B W I P E L
N A K Y E H
A N C O C A
H L J T M C
U L E O S I
M S S N B M

◊ ACTS   ◊ JOEL

◊ AMOS   ◊ MICAH

◊ JOB   ◊ NAHUM

69

Arrest

```
Y  R  B  S  F  K
G  A  R  A  C  C
X  U  L  E  N  O
A  I  H  E  V  L
N  C  F  M  D  B
K  O  O  B  C  V
```

◊ BLOCK   ◊ DELAY

◊ BOOK   ◊ FIX

◊ CHECK   ◊ NAB

70

Russia

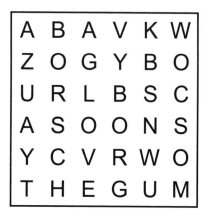

```
A B A V K W
Z O G Y B O
U R L B S C
A S O O N S
Y C V R W O
T H E G U M
```

◊ BORSCH   ◊ VOLGA

◊ MOSCOW   ◊ VYBORG

◊ THE GUM   ◊ YAUZA

Brisk

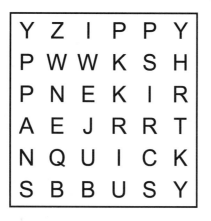

```
Y  Z  I  P  P  Y
P  W  W  K  S  H
P  N  E  K  I  R
A  E  J  R  R  T
N  Q  U  I  C  K
S  B  B  U  S  Y
```

◊ BUSY   ◊ QUICK

◊ CRISP   ◊ SNAPPY

◊ KEEN   ◊ ZIPPY

Wild West USA

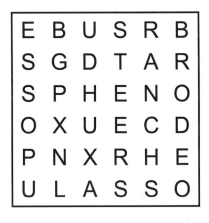

```
E  B  U  S  R  B
S  G  D  T  A  R
S  P  H  E  N  O
O  X  U  E  C  D
P  N  X  R  H  E
U  L  A  S  S  O
```

◊ LASSO   ◊ RODEO

◊ POSSE   ◊ SPURS

◊ RANCH   ◊ STEER

73

Stop

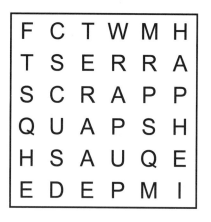

```
F C T W M H
T S E R R A
S C R A P P
Q U A P S H
H S A U Q E
E D E P M I
```

◊ ARREST ◊ QUASH

◊ CEASE ◊ SCRAP

◊ IMPEDE ◊ WRAP UP

74

Chemistry

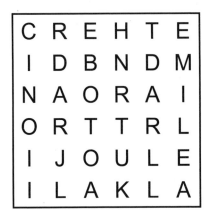

```
C  R  E  H  T  E
I  D  B  N  D  M
N  A  O  R  A  I
O  R  T  T  R  L
I  J  O  U  L  E
I  L  A  K  L  A
```

◊ ALKALI   ◊ IRON

◊ ETHER   ◊ JOULE

◊ IONIC   ◊ LIME

75

Things That Flow

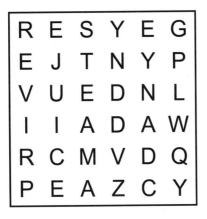

```
R E S Y E G
E J T N Y P
V U E D N L
I I A D A W
R C M V D Q
P E A Z C Y
```

◊ EDDY   ◊ LAVA

◊ GEYSER   ◊ RIVER

◊ JUICE   ◊ STEAM

76

Orchestral Instruments

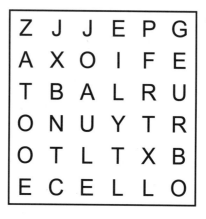

Z	J	J	E	P	G
A	X	O	I	F	E
T	B	A	L	R	U
O	N	U	Y	T	R
O	T	L	T	X	B
E	C	E	L	L	O

◊ CELLO ◊ OBOE

◊ FLUTE ◊ PIANO

◊ LYRE   ◊ TUBA

77

Made of Paper

```
F  A  Q  P  K  U
U  L  U  O  T  T
B  N  O  G  O  E
I  B  E  W  A  H
L  H  E  M  E  B
L  L  C  N  G  R
```

◊ BAG   ◊ FLOWER

◊ BILL   ◊ MENU

◊ BOOK   ◊ TOWEL

The Nordic Region

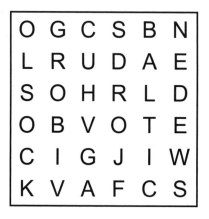

```
O G C S B N
L R U D A E
S O H R L D
O B V O T E
C I G J I W
K V A F C S
```

◊ BALTIC   ◊ OSLO

◊ FJORDS   ◊ SWEDEN

◊ NARVIK   ◊ VIBORG

79

Countries of the EU

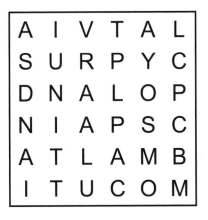

```
A  I  V  T  A  L
S  U  R  P  Y  C
D  N  A  L  O  P
N  I  A  P  S  C
A  T  L  A  M  B
I  T  U  C  O  M
```

◊ CYPRUS   ◊ MALTA

◊ ITALY   ◊ POLAND

◊ LATVIA   ◊ SPAIN

80

Artists

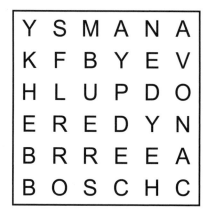

```
Y S M A N A
K F B Y E V
H L U P D O
E R E D Y N
B R R E E A
B O S C H C
```

◊ BOSCH   ◊ DUFY

◊ BRUYN   ◊ HEYDEN

◊ CANOVA   ◊ KLEE

81

Waterfalls

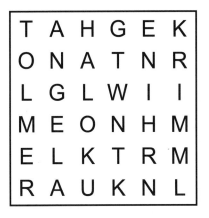

```
T A H G E K
O N A T N R
L G L W I I
M E O N H M
E L K T R M
R A U K N L
```

◊ ANGEL ◊ RHINE

◊ HALOKU ◊ RINKA

◊ KRIMML ◊ TOLMER

82

"END" at the End

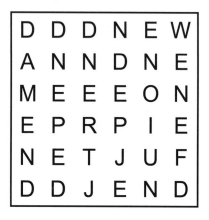

```
D  D  D  N  E  W
A  N  N  D  N  E
M  E  E  E  O  N
E  P  R  P  I  E
N  E  T  J  U  F
D  D  J  E  N  D
```

◊ AMEND   ◊ TREND

◊ DEPEND   ◊ UPEND

◊ FIEND   ◊ WEND

"GREAT..."

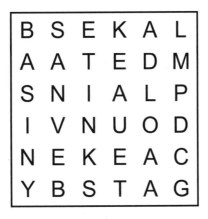

```
B  S  E  K  A  L
A  A  T  E  D  M
S  N  I  A  L  P
I  V  N  U  O  D
N  E  K  E  A  C
Y  B  S  T  A  G
```

◊ BASIN   ◊ GATSBY

◊ COAT   ◊ LAKES

◊ DANE   ◊ PLAINS

84

"TIGHT..."

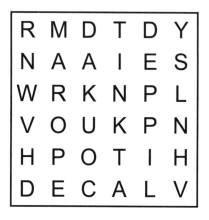

```
R  M  D  T  D  Y
N  A  A  I  E  S
W  R  K  N  P  L
V  O  U  K  P  N
H  P  O  T  I  H
D  E  C  A  L  V
```

◊ KNIT   ◊ ROPE

◊ LACED   ◊ TURN

◊ LIPPED   ◊ WAD

85

Sauces

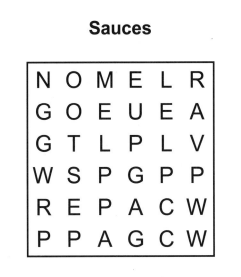

```
N O M E L R
G O E U E A
G T L P L V
W S P G P P
R E P A C W
P P A G C W
```

◊ APPLE   ◊ PEPPER

◊ CAPER   ◊ PESTO

◊ LEMON   ◊ PLUM

86

Classical Music Titles

E	N	S	A	G	A
O	R	W	O	T	N
M	S	O	R	L	T
A	C	S	I	H	A
R	F	N	A	C	R
S	Z	D	U	T	A

◊ ANTAR   ◊ LINZ

◊ EN SAGA   ◊ MARS

◊ EROICA   ◊ TASSO

87

Face

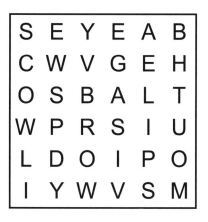

S	E	Y	E	A	B
C	W	V	G	E	H
O	S	B	A	L	T
W	P	R	S	I	U
L	D	O	I	P	O
I	Y	W	V	S	M

◊ BEARD   ◊ MOUTH

◊ EYES   ◊ SCOWL

◊ LIPS   ◊ VISAGE

Grasses

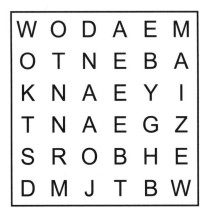

W	O	D	A	E	M
O	T	N	E	B	A
K	N	A	E	Y	I
T	N	A	E	G	Z
S	R	O	B	H	E
D	M	J	T	B	W

◊ BEARD   ◊ MAIZE

◊ BENT   ◊ MEADOW

◊ KNOT   ◊ WHEAT

89

Philosophers

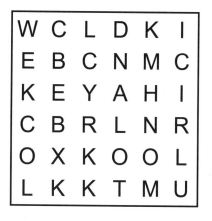

```
W C L D K I
E B C N M C
K E Y A H I
C B R L N R
O X K O O L
L K K T M U
```

◊ HAYEK   ◊ MORE

◊ LOCKE   ◊ TOLAND

◊ MARX   ◊ ULRICI

90

Tired

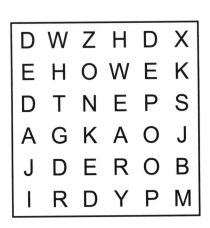

```
D W Z H D X
E H O W E K
D T N E P S
A G K A O J
J D E R O B
I R D Y P M
```

◊ BORED   ◊ SPENT

◊ JADED   ◊ WEARY

◊ POOPED   ◊ ZONKED

91

Taking a Flight

G	E	T	A	G	Y
X	L	D	E	T	A
B	S	H	E	O	W
T	I	F	I	L	N
T	A	E	S	I	U
S	H	T	O	P	R

◊ AISLE   ◊ RUNWAY

◊ GATE   ◊ SAFETY

◊ PILOT   ◊ SEAT

92

Salad

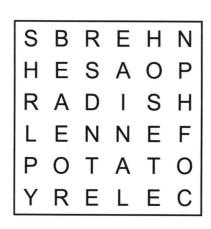

```
S  B  R  E  H  N
H  E  S  A  O  P
R  A  D  I  S  H
L  E  N  N  E  F
P  O  T  A  T  O
Y  R  E  L  E  C
```

◊ CELERY   ◊ ONION

◊ FENNEL   ◊ POTATO

◊ HERBS   ◊ RADISH

"SNOW..."

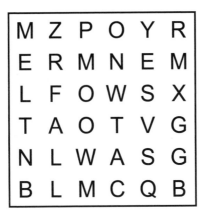

```
M Z P O Y R
E R M N E M
L F O W S X
T A O T V G
N L W A S G
B L M C Q B
```

◊ BLOWER ◊ MELT

◊ CAT ◊ MEN

◊ FALL ◊ STORM

94

Things That Can Be Spread

Y	K	S	V	M	A
E	E	D	W	A	N
N	L	E	K	E	B
O	O	E	K	R	N
H	V	S	P	C	G
L	E	F	E	A	R

◊ CREAM   ◊ LOVE

◊ FEAR   ◊ NEWS

◊ HONEY   ◊ SEEDS

"C" Words

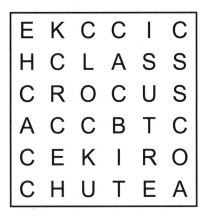

```
E K C C I C
H C L A S S
C R O C U S
A C C B T C
C E K I R O
C H U T E A
```

◊ CACHE   ◊ CLOCK

◊ CHUTE   ◊ COBRA

◊ CLASS   ◊ CROCUS

Calm Down

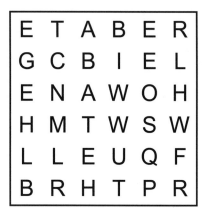

```
E T A B E R
G C B I E L
E N A W O H
H M T W S W
L L E U Q F
B R H T P R
```

◊ ABATE ◊ QUELL

◊ HUSH ◊ REBATE

◊ LOWER ◊ WANE

97

Northern Ireland

Y	D	A	E	K	D
H	R	V	U	O	R
G	R	W	W	K	F
A	I	N	E	I	V
M	I	R	T	N	A
O	L	A	R	N	E

◊ ANTRIM   ◊ LARNE

◊ DOWN   ◊ NEWRY

◊ KEADY   ◊ OMAGH

Shades of Blue

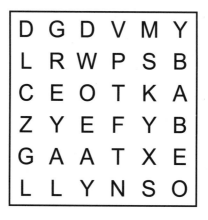

D	G	D	V	M	Y
L	R	W	P	S	B
C	E	O	T	K	A
Z	Y	E	F	Y	B
G	A	A	T	X	E
L	L	Y	N	S	O

◊ BABY   ◊ SKY

◊ CYAN   ◊ STEEL

◊ OXFORD ◊ TEAL

99

Cities of England

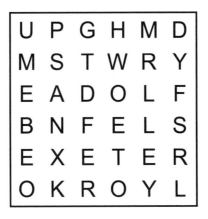

U	P	G	H	M	D
M	S	T	W	R	Y
E	A	D	O	L	F
B	N	F	E	L	S
E	X	E	T	E	R
O	K	R	O	Y	L

◊ BATH   ◊ LEEDS

◊ ELY   ◊ OXFORD

◊ EXETER   ◊ YORK

100

Saving Money

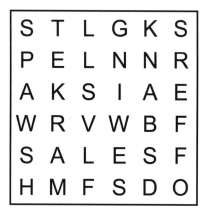

```
S  T  L  G  K  S
P  E  L  N  N  R
A  K  S  I  A  E
W  R  V  W  B  F
S  A  L  E  S  F
H  M  F  S  D  O
```

◊ BANK   ◊ SALES

◊ MARKET   ◊ SEWING

◊ OFFERS   ◊ SWAPS

101

Sailing

◊ BOOM   ◊ KEEL

◊ DEPTH   ◊ QUAY

◊ HELM   ◊ RUDDER

102

Lakes

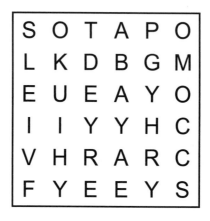

```
S O T A P O
L K D B G M
E U E A Y O
I I Y Y H C
V H R A R C
F Y E E Y S
```

◊ ABAYA   ◊ ERIE

◊ CHAD   ◊ EYRE

◊ COMO   ◊ PATOS

103

Stitches

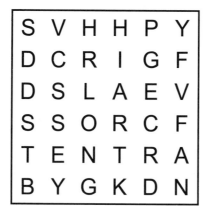

```
S  V  H  H  P  Y
D  C  R  I  G  F
D  S  L  A  E  V
S  S  O  R  C  F
T  E  N  T  R  A
B  Y  G  K  D  N
```

◊ CROSS   ◊ LONG

◊ FAN   ◊ SLIP

◊ FERN   ◊ TENT

104

Intelligence

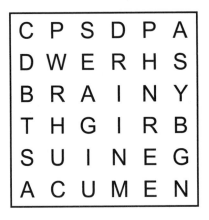

```
C P S D P A
D W E R H S
B R A I N Y
T H G I R B
S U I N E G
A C U M E N
```

◊ ACUMEN   ◊ GENIUS

◊ BRAINY   ◊ SHARP

◊ BRIGHT   ◊ SHREWD

105

Cakes

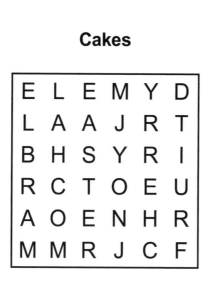

```
E  L  E  M  Y  D
L  A  A  J  R  T
B  H  S  Y  R  I
R  C  T  O  E  U
A  O  E  N  H  R
M  M  R  J  C  F
```

◊ CHERRY   ◊ LAYER

◊ EASTER   ◊ MARBLE

◊ FRUIT   ◊ MOCHA

106

Timber

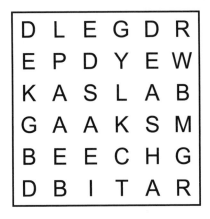

```
D L E G D R
E P D Y E W
K A S L A B
G A A K S M
B E E C H G
D B I T A R
```

◊ ASH   ◊ DEAL

◊ BALSA   ◊ TEAK

◊ BEECH   ◊ YEW

107

Cycling

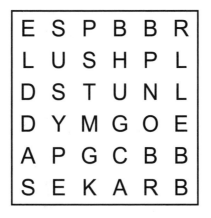

E	S	P	B	B	R
L	U	S	H	P	L
D	S	T	U	N	L
D	Y	M	G	O	E
A	P	G	C	B	B
S	E	K	A	R	B

◊ BELL   ◊ NUTS

◊ BRAKES   ◊ PUMP

◊ LOCK   ◊ SADDLE

108

Words Containing "LIP"

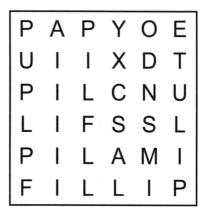

```
P  A  P  Y  O  E
U  I  I  X  D  T
P  I  L  C  N  U
L  I  F  S  S  L
P  I  L  A  M  I
F  I  L  L  I  P
```

◊ FILLIP   ◊ SLIP

◊ FLIP   ◊ TULIP

◊ OXLIP   ◊ UNCLIP

109

Ladders

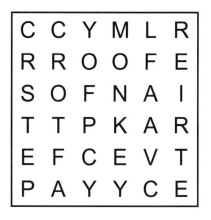

C	C	Y	M	L	R
R	R	O	O	F	E
S	O	F	N	A	I
T	T	P	K	A	R
E	F	C	E	V	T
P	A	Y	Y	C	E

◊ ETRIER ◊ ROOF

◊ LOFT ◊ ROPE

◊ MONKEY ◊ STEP

110

Associate

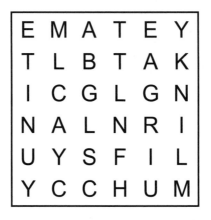

◊ ALLY   ◊ MATE

◊ CHUM   ◊ MINGLE

◊ LINK   ◊ UNITE

111

Whodunit

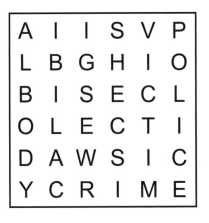

A	I	I	S	V	P
L	B	G	H	I	O
B	I	S	E	C	L
O	L	E	C	T	I
D	A	W	S	I	C
Y	C	R	I	M	E

◊ ALIBI   ◊ LIES

◊ BODY   ◊ POLICE

◊ CRIME   ◊ VICTIM

"CAN" and "TIN"

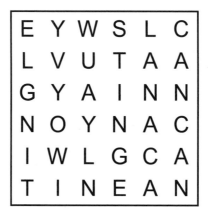

E	Y	W	S	L	C
L	V	U	T	A	A
G	Y	A	I	N	N
N	O	Y	N	A	C
I	W	L	G	C	A
T	I	N	E	A	N

◊ CANAL   ◊ TINEA

◊ CANCAN   ◊ TINGE

◊ CANYON   ◊ TINGLE

Titles

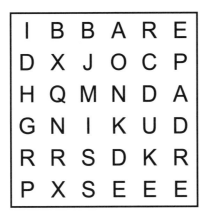

```
I  B  B  A  R  E
D  X  J  O  C  P
H  Q  M  N  D  A
G  N  I  K  U  D
R  R  S  D  K  R
P  X  S  E  E  E
```

◊ DUKE   ◊ PADRE

◊ KING   ◊ PRINCE

◊ MISS   ◊ RABBI

114

Racecourses for Horses

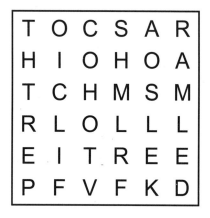

```
T  O  C  S  A  R
H  I  O  H  O  A
T  C  H  M  S  M
R  L  O  L  L  L
E  I  T  R  E  E
P  F  V  F  K  D
```

◊ ASCOT   ◊ DELHI

◊ CORK   ◊ KELSO

◊ DEL MAR   ◊ PERTH

115

Things with Strings

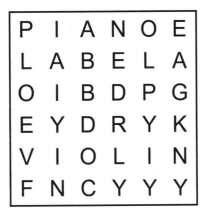

```
P  I  A  N  O  E
L  A  B  E  L  A
O  I  B  D  P  G
E  Y  D  R  Y  K
V  I  O  L  I  N
F  N  C  Y  Y  Y
```

◊ APRON   ◊ PIANO

◊ FIDDLE   ◊ VIOLIN

◊ LABEL   ◊ YO-YO

116

Rock and Pop Groups

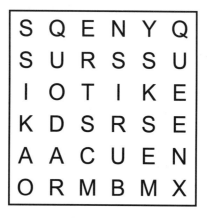

```
S  Q  E  N  Y  Q
S  U  R  S  S  U
I  O  T  I  K  E
K  D  S  R  S  E
A  A  C  U  E  N
O  R  M  B  M  X
```

◊ KISS   ◊ OASIS

◊ KORN   ◊ QUEEN

◊ MUSE   ◊ T REX

117

"HA," "HA," "HA"

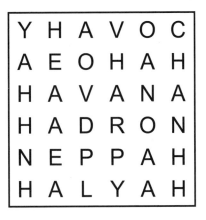

```
Y H A V O C
A E O H A H
H A V A N A
H A D R O N
N E P P A H
H A L Y A H
```

◊ HADRON   ◊ HARVEY

◊ HAPPEN   ◊ HAVANA

◊ HARPY   ◊ HAVOC

118

Machines

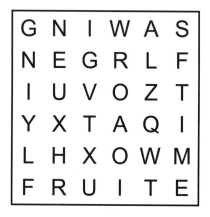

```
G  N  I  W  A  S
N  E  G  R  L  F
I  U  V  O  Z  T
Y  X  T  A  Q  I
L  H  X  O  W  M
F  R  U  I  T  E
```

◊ FLYING   ◊ SLOT

◊ FRUIT   ◊ TIME

◊ SAWING   ◊ WAVE

119

Hairstyles

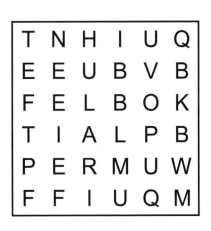

```
T  N  H  I  U  Q
E  E  U  B  V  B
F  E  L  B  O  K
T  I  A  L  P  B
P  E  R  M  U  W
F  F  I  U  Q  M
```

◊ BOB　　◊ PERM

◊ BUN　　◊ PLAIT

◊ MULLET　◊ QUIFF

120

UK Prime Ministers

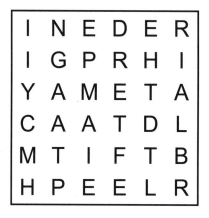

```
I N E D E R
I G P R H I
Y A M E T A
C A A T D L
M T I F T B
H P E E L R
```

◊ BLAIR ◊ MAY

◊ EDEN ◊ PEEL

◊ HEATH ◊ PITT

Wet

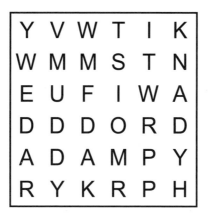

◊ DAMP ◊ MIRY

◊ DANK ◊ MOIST

◊ DEWY ◊ MUDDY

122

Backing Groups

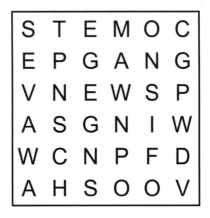

```
S T E M O C
E P G A N G
V N E W S P
A S G N I W
W C N P F D
A H S O O V
```

◊ COMETS   ◊ PIPS

◊ GANG   ◊ WAVES

◊ NEWS   ◊ WINGS

123

Furnishings

R	V	L	N	A	A
S	O	E	H	O	F
T	V	R	R	N	O
O	B	M	R	A	S
O	H	E	A	I	U
L	L	W	D	P	M

◊ BED   ◊ PIANO

◊ MIRROR   ◊ SOFA

◊ OVEN   ◊ STOOL

124

Harvest Time

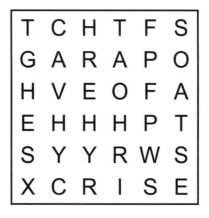

```
T  C  H  T  F  S
G  A  R  A  P  O
H  V  E  O  F  A
E  H  H  H  P  T
S  Y  Y  R  W  S
X  C  R  I  S  E
```

◊ CROPS   ◊ RYE

◊ HOPS   ◊ SHEAF

◊ OATS   ◊ WHEAT

125

F1 Grand Prix Winners

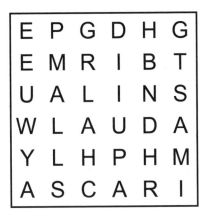

E	P	G	D	H	G
E	M	R	I	B	T
U	A	L	I	N	S
W	L	A	U	D	A
Y	L	H	P	H	M
A	S	C	A	R	I

◊ ASCARI   ◊ HUNT

◊ HILL   ◊ LAUDA

◊ HULME   ◊ WARD

126

Palindromes

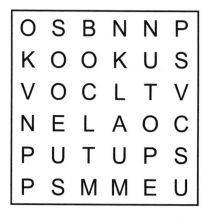

```
O  S  B  N  N  P
K  O  O  K  U  S
V  O  C  L  T  V
N  E  L  A  O  C
P  U  T  U  P  S
P  S  M  M  E  U
```

◊ KOOK   ◊ PUT UP

◊ NOON   ◊ SOLOS

◊ PULL UP   ◊ STATS

127

Chess

◊ BISHOP   ◊ PAWN

◊ KING   ◊ QUEEN

◊ KNIGHT   ◊ ROOK

Rocks and Minerals

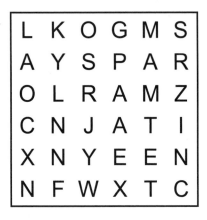

L	K	O	G	M	S
A	Y	S	P	A	R
O	L	R	A	M	Z
C	N	J	A	T	I
X	N	Y	E	E	N
N	F	W	X	T	C

◊ COAL ◊ ONYX

◊ JET ◊ SPAR

◊ MARL ◊ ZINC

129

Pizza

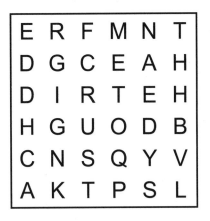

```
E R F M N T
D G C E A H
D I R T E H
H G U O D B
C N S Q Y V
A K T P S L
```

◊ BEEF   ◊ HAM

◊ CRUST   ◊ SQUID

◊ DOUGH   ◊ TUNA

130

Halloween

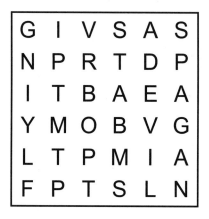

```
G  I  V  S  A  S
N  P  R  T  D  P
I  T  B  A  E  A
Y  M  O  B  V  G
L  T  P  M  I  A
F  P  T  S  L  N
```

◊ BATS   ◊ IMPS

◊ DEVIL   ◊ PAGAN

◊ FLYING   ◊ TOADS

Countries of the World

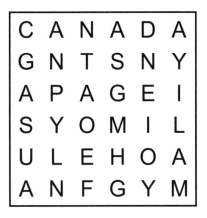

```
C A N A D A
G N T S N Y
A P A G E I
S Y O M I L
U L E H O A
A N F G Y M
```

◊ ANGOLA   ◊ OMAN

◊ CANADA   ◊ USA

◊ MALI   ◊ YEMEN

132

Tools

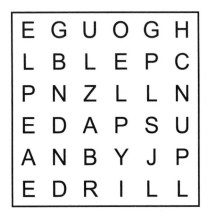

◊ ADZE   ◊ PLANE

◊ DRILL   ◊ PUNCH

◊ GOUGE   ◊ SPADE

Solutions

1

H	J	Z	A	O	A
V	A	W	U	I	M
A	O	T	Q	H	A
I	S	C	U	O	I
A	D	A	V	E	N
I	D	A	H	O	E

2

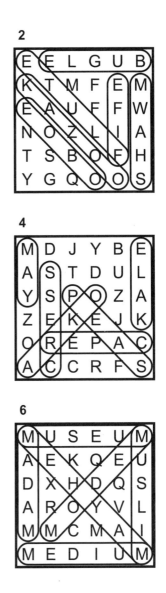

E	E	L	G	U	B
K	T	M	F	E	M
E	A	U	F	F	W
N	O	Z	L	I	A
T	S	B	O	F	H
Y	G	Q	O	O	S

3

Q	M	N	P	E	A
U	R	L	L	S	M
C	W	B	I	O	F
A	O	R	N	F	L
W	E	T	T	I	O
N	H	E	H	R	G

4

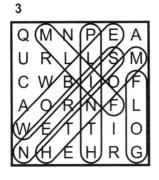

M	D	J	Y	B	E
A	S	T	D	U	L
Y	S	P	O	Z	A
Z	E	K	E	J	K
O	R	E	P	A	C
A	C	C	R	F	S

5

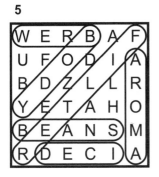

W	E	R	B	A	F
U	F	O	D	I	A
B	D	Z	L	L	R
Y	E	T	A	H	O
B	E	A	N	S	M
R	D	E	C	I	A

6

M	U	S	E	U	M
A	E	K	Q	E	U
D	X	H	D	Q	S
A	R	O	Y	V	L
M	M	C	M	A	I
M	E	D	I	U	M

Solutions

7

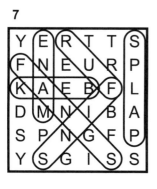

8

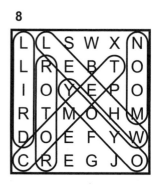

9

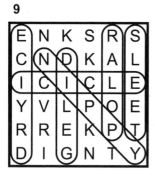

10

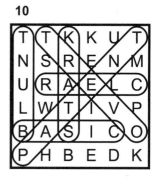

11

12

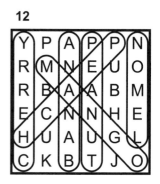

Solutions

13

F	L	O	O	D	P
K	L	A	W	Y	O
S	S	C	I	H	L
W	L	E	T	A	I
V	L	O	Y	L	C
D	N	T	W	T	E

14

S	N	A	I	L	J
T	E	E	M	X	G
A	S	O	R	D	W
S	L	U	G	W	A
E	Q	Y	O	H	S
T	A	N	G	L	P

15

T	O	L	C	B	D
B	S	M	L	G	Q
H	U	O	W	D	S
O	C	L	H	A	V
K	M	A	S	S	D
K	N	U	H	C	F

16

Y	F	O	O	G	J
R	E	E	Z	P	O
R	R	L	S	S	B	F
E	I	B	M	A	B
J	X	U	T	O	M
U	D	D	O	L	G

17

H	V	E	S	T	S
A	G	G	S	R	L
J	P	I	N	E	H
R	E	E	E	I	F
H	H	B	N	N	E
T	Z	U	G	S	E

18

N	K	A	F	H	S
A	W	W	S	P	H
R	L	A	N	U	O
I	W	K	Y	T	W
S	M	E	A	E	E
E	A	N	Y	G	R

141

Solutions

19

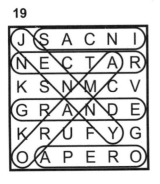

20

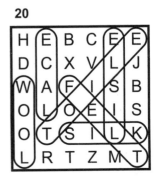

21

22

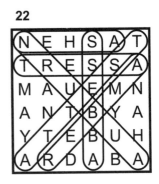

23

24

Solutions

25

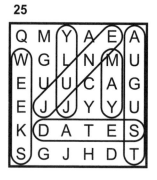

26

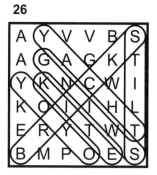

27

28

29

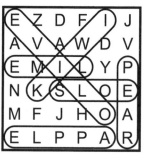

30

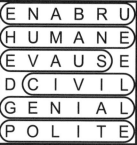

Solutions

31

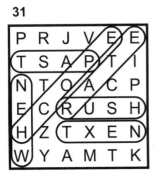

32

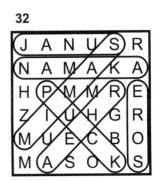

33

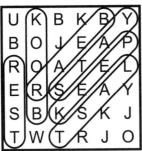

34

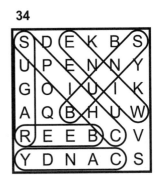

35

36

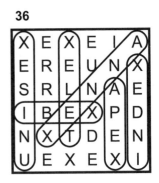

Solutions

37

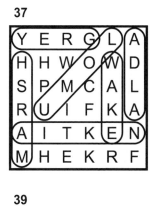

38

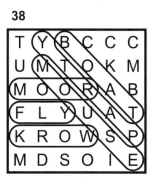

39

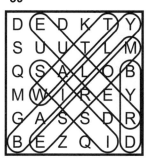

40

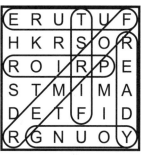

41

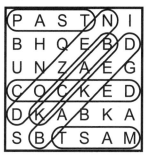

42

Solutions

43

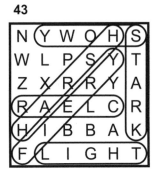

44

45

46

47

48

Solutions

49

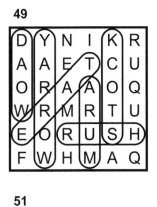

50

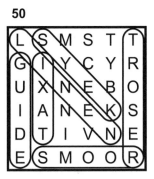

51

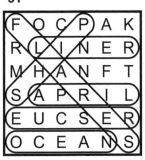

52

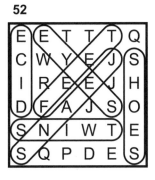

53

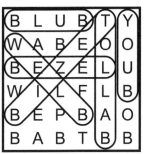

54

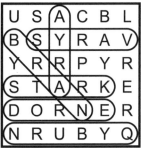

Solutions

55

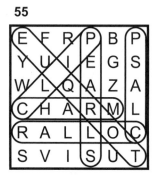

56

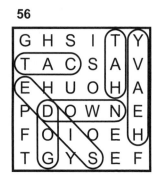

57

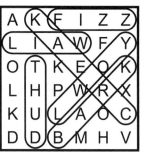

58

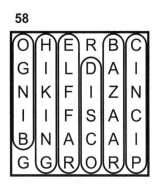

59

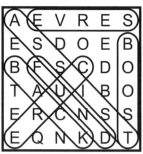

60

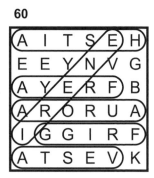

Solutions

61

62

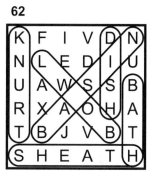

63

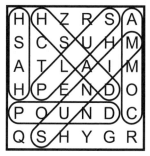

64

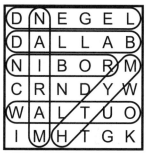

65

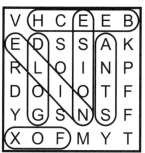

66

Solutions

67

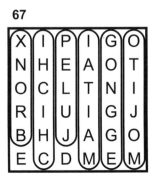

68

B	W	I	P	E	L
N	A	K	Y	E	H
A	N	C	O	C	A
H	L	J	T	M	C
U	L	E	O	S	I
M	S	S	N	B	M

69

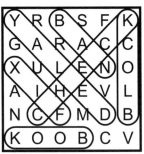

70

A	B	A	V	K	W
Z	O	G	Y	B	O
U	R	L	B	S	C
A	S	O	O	N	S
Y	C	V	R	W	O
T	H	E	G	U	M

71

72

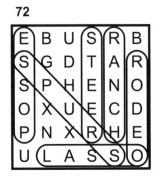

150

Solutions

73

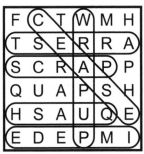

F	C	T	W	M	H
T	S	E	R	R	A
S	C	R	A	P	P
Q	U	A	P	S	H
H	S	A	U	Q	E
E	D	E	P	M	I

74

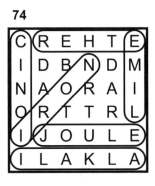

C	R	E	H	T	E
I	D	B	N	D	M
N	A	O	R	A	I
O	R	T	T	R	L
I	J	O	U	L	E
I	L	A	K	L	A

75

R	E	S	Y	E	G
E	J	T	N	Y	P
V	U	E	D	N	L
I	I	A	D	A	W
R	C	M	V	D	Q
P	E	A	Z	C	Y

76

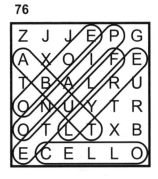

Z	J	J	E	P	G
A	X	O	I	F	E
T	B	A	L	R	U
O	N	U	Y	T	R
O	T	L	T	X	B
E	C	E	L	L	O

77

F	A	Q	P	K	U
U	L	U	O	T	T
B	N	O	G	O	E
I	B	E	W	A	H
L	H	E	M	E	B
L	L	C	N	G	R

78

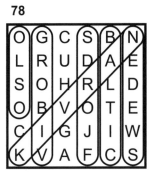

O	G	C	S	B	N
L	R	U	D	A	E
S	O	H	R	L	D
O	B	V	O	T	E
C	I	G	J	I	W
K	V	A	F	C	S

Solutions

79

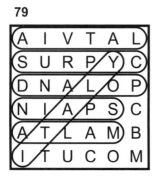

80

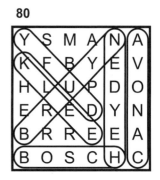

81

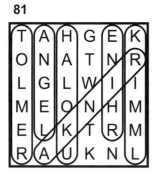

82

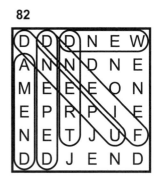

83

84

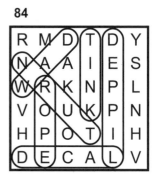

Solutions

85

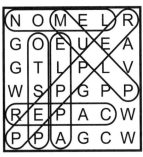

86

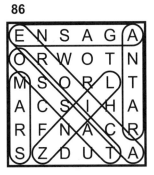

87

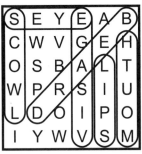

88

89

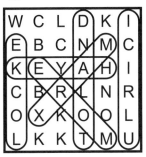

90

Solutions

91

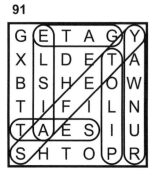

92

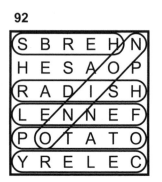

93

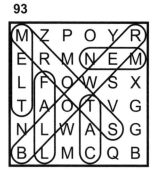

94

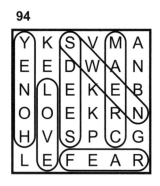

95

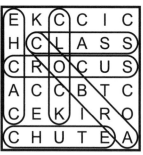

96

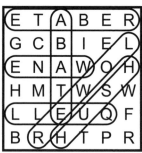

Solutions

97

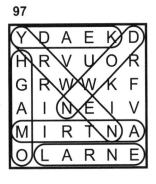

98

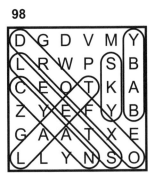

99

100

101

102

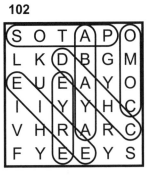

Solutions

103

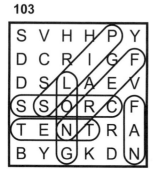

104

105

E	L	E	M	Y	D
L	A	A	J	R	T
B	H	S	Y	R	I
R	C	T	O	E	U
A	O	E	N	H	R
M	M	R	J	C	F

106

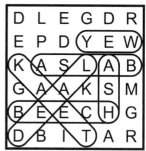

107

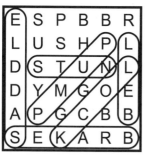

108

P	A	P	Y	O	E
U	I	I	X	D	T
P	I	L	C	N	U
L	I	F	S	S	L
P	I	L	A	M	I
F	I	L	L	I	P

Solutions

109

110

111

112

113

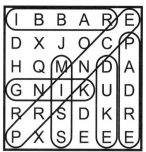

114

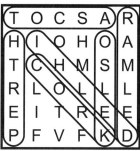

Solutions

115

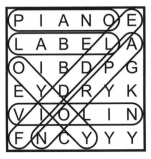

```
P I A N O E
L A B E L A
O I B D P G
E Y D R Y K
V I O L I N
F N C Y Y Y
```

116

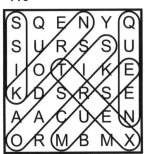

```
S Q E N Y Q
S U R S S U
I O T I K E
K D S R S E
A A C U E N
O R M B M X
```

117

```
Y H A V O C
A E O H A H
H A V A N A
H A D R O N
N E P P A H
H A L Y A H
```

118

```
G N I W A S
N E G R L F
I U V O Z T
Y X T A Q I
L H X O W M
F R U I T E
```

119

```
T N H I U Q
E E U B V B
F E L B O K
T I A L P B
P E R M U W
F F I U Q M
```

120

```
I N E D E R
I G P R H I
Y A M E T A
C A A T D L
M T I F T B
H P E E L R
```

Solutions

121

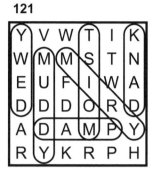

122

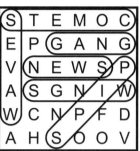

123

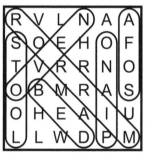

124

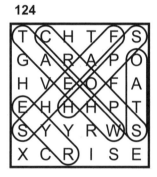

125

126

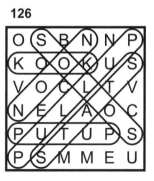

Solutions

127

128

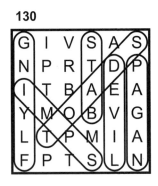

129

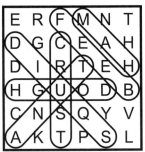

130

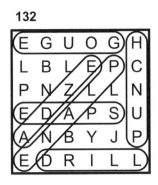

131

132